TAPTUE TAMO MICKY LEGRAND

# LA PUISSANCE DE LA PRIÈRE DE REPENTANCE

TAPTUE TAMO MICKY LEGRAND

# LA PUISSANCE DE LA PRIÈRE DE REPENTANCE

*La nécessité de se repentir dans la prière*

Éditions Croix du Salut

**Imprint**



Cover image: www.ingimage.com

Publisher:
Éditions Croix du Salut
is a trademark of
International Book Market Service Ltd., member of OmniScriptum Publishing Group
17 Meldrum Street, Beau Bassin 71504, Mauritius
Printed at: see last page
**ISBN: 978-613-7-37371-2**

# DEDICACE

Je rends un grand hommage et une sincère honorabilité à tous ceux-là, tous mes bien-aimés frères et sœurs en Christ de par le monde entier qui sont fidèles au Seigneur JESUS-CHRIST. Qui glorifient, adorent en Esprit et en vérité le seul vrai Dieu JESUS-CHRIST le Seigneur des seigneurs et qui, par leur marche Chrétienne rendent un bon témoignage à notre Seigneur JESUS.

De même je dédie ce chef d'œuvre :

- A tous les enfants et membres de l'église la **MAISON DE PRIERE** (situé derrière la prison, Libreville-Gabon).
- Au Pasteur KAMZOLES CHARLY INGENU mon bien-aimé père spirituel qui est un modèle et un exemple de foi.
- A ma grande famille TAMO.

Je rends toute la Gloire à Dieu. A lui soit la Gloire, Celui qui est, qui était et qui vient. A lui l'honneur, la louange, la gloire et le règne pour les Siècles et des Siècles AMEN !

# PREFACE

Plusieurs personnes se posent Certainement des questions du genre : *« pourquoi Dieu n'exauce-t-il pas mes prières ? »* et ont particulièrement l'impression que leurs prières ne traversent pas le toit de leurs maisons. Ceux-ci croient que Dieu tarde dans l'exaucement de leurs prières. J'ai même rencontré certains croyants qui ont cessés de prier, ils se sont lassés disant pour certains : *« Dieu exauce les prières d'autres personnes mais pas les siennes… »* D'autres ont même perdu leur zèle et certains même leur foi en JESUS-CHRIST disant : *« ça ne vaut plus la peine ! »*. Cette œuvre : **La Puissance de la prière de repentance** énumère **des éléments** importants à connaitre et à détenir pour parvenir à l'exaucement des désirs de son cœur. De même elle enseigne et édifie sur le moyen de triompher par sa communion avec Christ, elle instruit aussi sur les attitudes et les aptitudes à adopter avant, pendant et après la Prière. Ceux-ci sont autant ***nécessaires*** que les paroles qui sortent de nos bouches et le sont aussi que nos requêtes.

Par le moyen de cette œuvre intitulée **La Puissance de la prière de repentance** j'aimerai que tous Hommes comprennent l'importance et l'impact favorables encrés dans **la prière de repentance** de même que tous Hommes sachent la nécessité de se repentir dans **la prière.**

**Cette œuvre a été aussi écrite aussi en anglais.**

*Les textes Biblique utilisés dans ce livre sont ceux de la version Louis Segond, 1910.*

# INTRODUCTION

La prière de repentance est une prière pendant laquelle l'homme humilie son âme devant Dieu en l'avouant son péché, en demandant pardon et en prenant un engagement déterminant de ne plus commettre ce péché-là. C'est aussi un temps où un pécheur implore la miséricorde de Dieu avec un cœur sincère. Ceci en vue de faire et de demeurer sous sa volonté: c'est aussi un acte de foi.

Plusieurs personnes se posent Certainement des questions du genre : *« pourquoi Dieu n'exauce-t-il pas mes prières ? »* et ont particulièrement l'impression que leurs prières ne traversent pas le toit de leurs maisons. Ceux-ci croient que Dieu tarde dans l'exaucement de leurs prières. J'ai même rencontré certains croyants qui ont cessés de prier, ils se sont lassés disant pour certains : *« Dieu exauce les prières d'autres personnes mais pas les siennes »* d'autres ont même perdu leur zèle et certains même leur foi en JESUS-CHRIST disant : *« ça ne vaut plus la peine !».* Ceci m'est aussi arrivé d'être dans ce sombre nuage embarrassant non pas celui de ''la perte de ma foi'' mais plutôt celui où mes prières semblaient ne même pas traverser le plafond de ma maison. Je crois que si le Seigneur m'a fait grâce de trouver la solution à ce problème, cela était pour que je t'en fasse part en ces quelques mots ceci pour que tu sois aussi affranchi de cette situation. De ce fait, dans cette œuvre j'aimerai que tu comprennes ce que c'est que **la prière de repentance** et que tu saches la nécessité de **la prière de repentance.**

Nous ne pouvons parler de la repentance sans toutefois parlé au préalable de ce sur quoi il faut se repentir notamment **le péché** donc les deux premiers grands points énumérés porteront sur le péché, la suite portera sur la repentance elle-même. Du livre des Psaumes nous en ressortirons quelques exemples de prière de Repentance. Etant le plus long de la Bible (le livre des Psaumes) ceci à cause du nombre de chapitre qu'il possède, il est aussi très instructif sur le mode et la manière d'être en communion avec Dieu. Écrit par plusieurs hommes de foi, par des personnes qui ont d'une manière particulière expérimenté le Dieu Tout Puissant, celui-ci (le livre des Psaumes) nous révèle de nombreuses stratégies qui conduisent le chrétien à une communion soudée avec Christ. Donc, les expériences exprimées par les anciens dans ce livre nous aideront à comprendre mieux la **Prière de Repentance** c'est à cet effet que nous prendrons un modèle exprimé. Ce modèle est David le repentant, nous nous appuierons sur les Psaumes faites par lui notamment les psaumes 6, 25 et 51.

L'attention que tu auras mise lors de la lecture et la méditation de cet ouvrage va non seulement t'édifier mais aussi changera d'une manière radicale ta manière de communiquer avec Dieu et aussi ta manière de demander ce que désire ton cœur. Ne sous-estime pas les phrases de ce livre mais livres ton cœur tout entier à l'instruction qu'il offre et laisses toi enseigner par elle afin que tu parviennes à corriger ta manière de communiquer avec ton Rédempteur car il est écrit « **Toute Écriture est inspirée de Dieu, et utile pour enseigner, pour convaincre, pour corriger, pour instruire dans la justice » 2Timothée3 :16**

# CE QU'IL FAUT SAVOIR DU PECHE.

# I. LE PECHE : DEFINITION ET DEUX CAS DE PECHER A NOTER

Le péché n'est pas une expression étrangère ou un sujet extra par contre il est le quotidien de tout Homme. Selon le Dictionnaire universalis[1] c'est une faute commise contre la loi divine, par ailleurs, le péché est communément *exprimé comme étant la désobéissance aux règles ou aux commandements établis par Dieu. Plus loin, Selon le Dictionnaire Biblique*[2] *Le mot hébreu, comme le mot grec rendu par ce terme,* ***signifie primitivement acte de manquer le but****. Dans les deux langues Hébreux et Grec, il existe plusieurs synonymes que l'on peut rendre avec une certaine cohérence par crime, faute, injustice, iniquité, culpabilité, infidélité, infamie, transgression,* etc.

Il est à noter et je le souligne, bien qu'il soit vrai et incontestable qu'il n'a y pas de petit péché, le péché est égal **au péché** de même que désobéissance se rallie à désobéir et qu'il n'y a pas de petit péché. Néanmoins Il y'a une petite nuance entre ''**pratiquer le péché''** et ''**péché''** : l'expression ***pratiquer*** qui signifie littéralement mettre en pratique, exécuter ou faire de manière habituelle. Celui-ci s'ajoutant au mot péché défini un état de toute conscience de celui qui pèche car celui-ci a la connaissance et est conscient de l'acte qu'il pose. De même que l'on peut dire de quelqu'un qui pratique un métier ou une activité. Donc, celui qui pratique le péché est tout de même conscient de l'acte déshonorant qu'il pose à l'égard de Dieu. C'est à cet effet que l'apôtre Jean dans son

[1] Dictionnaire de l'Encyclopaedia Universalis 2010

[2] Dictionnaire Biblique Free Bible ©2003 Mission Chrétienne Evangélique

premier épitre dira au verset 9 **« Quiconque est né de Dieu ne *pratique pas le péché*, parce que la semence de Dieu demeure en lui; et il ne peut pécher, parce qu'il est né de Dieu. ».** Or, La semence Dieu qui est semée en lui est la Parole de Dieu, donc il a la connaissance de la Vérité. Par ailleurs, nous avons le cas de celui qui *ne pratique pas le péché* mais qui *pèche*, ici le mot **"péché"** est employé seul, l'emploi de l'expression seul peu définir un état inconscient, involontaire ou même un état d'omission. Le Seigneur sait que le juste peut tomber. Donc, celui qui *pratique le Péché* et celui qui *pèche involontairement ou inconsciemment* ne subissent pas les mêmes sentences ni les mêmes châtiments, mais l'un comme l'autre subit quand même une sentence et un châtiment. Il est important de savoir cette remarque.

Job au verset 26 du chapitre 13 du livre qui porte son nom s'interroge : « **Pourquoi m'infliger d'amères souffrances, Me punir pour des fautes de jeunesse ?»** car il savait que les fautes de jeunesse donc ceux des temps d'ignorance ; des temps où il n'avait pas conscience des ordonnances de l'Eternel et des actes déshonorants qu'il posait, il savait que ces fautes-là pouvaient avoir une répercussion fâcheuse dans sa vie présente. De même, David dans le Psaume 25 au verset 7 en fera mention lors de sa repentance. Pour ceux qui ont le privilège de *"naître de nouveau"* Dieu efface d'une manière complète leurs péchés du temps de l'ignorance. Car sans la *"nouvelle naissance"* tu es éloigné et privé de la gloire de Dieu : **Romain 3 :23**

*Dans la suite de ce livre nous ne différencierons pas les deux cas de péchés énumérés dans cette partie ou tout autre cas. Comme le titre de ce livre est* ***la puissance de la prière de repentance*** *donc peu importe la manière dont le péché est commis la repentance doit aussi être une repentance digne d'être agréée par celui qui justifie JESUS-CHRIST.*

## II. QUELQUES CONSEQUENCES DU PECHE

On n'apprend pas à l'Homme à pécher car le péché a été enfoui dans la chair **(Romains 8 :3)** donc c'est inné chez l'Homme. À cet effet, les conséquences le sont aussi et chaque Homme non converti ou converti à JESUS-CHRIST en subit ces conséquences.

### 1. S'IL FAILLE EN CITER QUELQUES-UNES

- Le péché nous empêche d'hériter le Royaume de Dieu (**1Corienthien6 :9, Galates 5 :21**)
- Il nous prive de la gloire Dieu **(Romains 3 :23)**
- Il nous conduit en enfer **(Matthieu 18 :8-9**)
- Il attriste le Saint Esprit **(Ephésiens 4 :30)**
- Le péché éteint le Saint Esprit **(1Thessaloniciens5 :19)**
- Le salaire du péché c'est la mort **(Romains 6 :23)**
- Il donne accès au Diable **(Ephésiens 4 :26-27)**
- Etc.

Il y'a tellement des conséquences du péché plus qu'il y'en a de problèmes dans le monde, nous ne prendrons pas la peine de tout citer car chacun en a subi au moins un et chacun peut en citer… Mais dans cet ouvrage nous nous attiendrons sur ce point qui suit :

## 2. LE PECHE EMPECHE D'ATTEINDRE LE BUT AVEC DIEU, CREE ET DEFINIT LE CARACTERE DE CELUI QUI S'Y LIVRE ET S'Y ATTACHE

*Comme nous l'avons défini précédemment selon le Dictionnaire Biblique Le mot hébreu, comme le mot grec rendu par ce terme péché,* **signifie primitivement acte de manquer le but***. Si nous nous tenons à cette définition nous comprendrons l'impact du péché dans le quotidien de celui qui pèche c'est-à-dire à chaque fois qu'il pratique le péché il manque le but or Dieu a des projets pour nous,* je connais les projets que j'ai formés sur vous, dit l'Éternel, projets de paix et non de malheur, afin de vous donner un avenir et de l'espérance (**Jérémie 29 :11**). Projets établis par lui, qui deviennent pour nous un but à atteindre, celui de l'emmener à exaucement de ces projets, donc à chaque fois que ce but est manqué au lieu de la paix qui doit être c'est plutôt le malheur qui est, et au lieu d'un avenir muni d'espérance c'est plutôt un avenir sombre et incertain qui s'offre à celui qui pèche ceci suivie d'un vaste désert de désespoir et de chagrin inexprimable. Il est écrit **«...Dieu n'exauce point les pécheurs; mais, si quelqu'un l'honore et fait sa volonté, c'est celui-là qu'il exauce. » Jean 9 :31**

Par ailleurs, nous sommes tous confrontés à un but ultime celui *du lieu de résidence après la mort*, sur la question de la vie après la mort *« l'éternité où vas-tu la passé ? ».* Toujours dans le dictionnaire Biblique comme nous l'avons susdit, le terme péché *dans les deux langues Hébreux et Grec, il existe plusieurs synonymes que l'on peut rendre avec une certaine cohérence par crime, faute, injustice, iniquité, culpabilité, infidélité, infamie, transgression,* etc. Par les cohérences de cette expression, nous constatons l'étendu du péché qui finit par créer un caractère déterminant en la personne de celui qui le pratique, ce caractère fini par le disqualifier du **''Repos éternel ''.** Le péché a la capacité de créer et transformer la personnalité d'un individu car une personnalité est aussi définie par ses actes et ses actions. Si nous prenons **le crime** qui est un péché et que nous observons une personne qui pratique le crime nous verrons qu'il est défini par cela, par conséquent le crime devient personnalisé et la personne est appelée **criminelle** il en est de même pour tous les analogues et cohérents du péché. Prenons le cas de **l'iniquité** dans l'Evangile de Luc au chapitre 18 du verset 1 au verset 6 le Seigneur JESUS fait mention d'un homme qui pratiquait l'iniquité et qui occupait la fonction de juge ceci dit, son statut social était plus que modeste il est dit de cet homme qu'il ne craignait pas Dieu et n'avait d'égard pour personne donc sa personnalité était marquée par son caractère enflé d'orgueil, arrogant, égoïste, fanfaron, hautain, etc. puisqu'il ne craignait pas Dieu donc en plus de cela il était irréligieux, il aimait le plaisir plus que Dieu, certainement à cela s'ajoutait l'intempérance et l'insensibilité, généralement ce genre de personne donne une apparence de piété alors que… Ces quelques illustrations sont là justes, pour montrer l'impact que le péché crée et implante en celui qui s'y livre.

# LE PECHE ET CULPABILITE AUGMENTENT LA PUISSANCE DE SATAN ET CELUI DE SES AGENTS ET LEUR DONNENT LE DESSUS SUR LE PECHEUR.

# I. JESUS-CHRIST EST LE SEUL ET L'UNIQUE MEDIATEUR ET DETENTEUR DE TOUT POUVOIR

En vérité Satan[3] comme ses agents n'ont pas une aussi grande puissance que l'on puisse le penser, ils sont dotés chacun d'une puissance c'est vrai mais une puissance limitée qui ne leur avait été attribuée que pour l'exercice de leurs ministères lorsqu'ils étaient encore au service de Dieu. Ceux-ci (Lucifer nommé Satan et ses agents qui sont aussi les anges déchus) ont été dotés d'une certaine connaissance et comme Dieu ne se repend pas de ses dons alors, lors de leur déchéance, Dieu les a laissés avec cette puissance et ces connaissances qu'ils avaient. Or, plusieurs personnes croyantes comme non croyantes leur attribuent une capacité super extraordinaire au point de croire et dire qu'ils sont mêmes omniprésents : quelle erreur fatale ! Nul n'est omniprésent si ce n'est celui qui a créé le temps et les circonstances y compris le présent. Dieu seul est omniprésent. Certains hommes insensés blasphèment disant et croyant Satan égale à Dieu, quelle ignorance ! Comment pouvez-vous comparaitre le Créateur à la créature ? Plusieurs ignorants se livrent même à des cultes d'anges, d'autres demandent aux anges de Dieu de prier pour eux disant qu'ils ne sont que des pauvres pécheurs, c'est une abomination de prier ou d'adorer un ange quel qu'il soit. Lisons :

---

[3] Selon la Définition tiré du Dictionnaire Bible[3] **Satan** est un mot d'origine hébraïque qui signifie l'*adversaire*, l'*accusateur*. On l'appelle aussi le *diable* (mot tiré du grec et qui signifie le *diviseur*, le *dénonciateur*, le *calomniateur*), *le malin*, *le prince de ce monde*, *le prince des démons*

« …**Et je tombai à ses pieds pour l'adorer; mais il me dit: Garde-toi de le faire! Je suis ton compagnon de service, et celui de tes frères qui ont le témoignage de Jésus. Adore Dieu. Car le témoignage de Jésus est l'esprit de la prophétie** » **Apocalypse19 :10**,

« **C'est moi Jean, qui ai entendu et vu ces choses. Et quand j'eus entendu et vu, je tombai aux pieds de l'ange qui me les montrait, pour l'adorer. Mais il me dit: Garde-toi de le faire! Je suis ton compagnon de service, et celui de tes frères les prophètes, et de ceux qui gardent les paroles de ce livre. Adore Dieu.** » **Apocalypse22 :8-9**

Ces personnes paresseuses ne pouvant pas s'humilier dans la prière créent des problèmes aux anges de Dieu par leur supplication abominable. Saches qu'**il n'y a de salut en aucun autre; car il n'y a sous le ciel aucun autre nom qui ait été donné parmi les hommes, par lequel nous devions être sauvés. Actes 4 :12** Dieu dit qu'il n'y a **aucun** autre nom même pas celui de Marie, ni même celui d'un ange quelconque seul le nom **JESUS-CHRIST** accorde le Salut et lui seul est **le médiateur**. Seul **JESUS-CHRIST** est assez puissant pour nous justifier et nous purifier de tout péché. C'est par lui seul que nous avons la capacité de nous repentir et jouir de l'approche de Dieu.

Que personne ne te trompe il est écrit :

- *« il y a un seul Dieu, et aussi **un seul médiateur** entre Dieu et les hommes, JESUS-CHRIST homme, qui s'est donné lui-même en rançon pour tous. C'est là le témoignage rendu en son propre temps »* ***1Timothée2 :5***
- *« JESUS est par cela même le garant d'une alliance plus excellent […] il peut sauver parfaitement ceux qui s'approchent de Dieu par lui, étant toujours **vivant pour intercéder** en leur faveur. […] »* **Hébreux 7 :22,25.**

- *JESUS a obtenu un ministère d'autant supérieur qu'****il est le médiateur*** *d'une alliance plus excellente, qui a été établie sur de meilleures promesses.* **Hébreux 8 :6**
- ***JESUS est le médiateur*** *d'une nouvelle alliance, afin que, la mort étant intervenue pour le rachat des transgressions commises sous la première alliance, ceux qui ont été appelés reçoivent l'héritage éternel qui leur a été promis.* **Hébreux 9 :15**
- ***Jésus est le médiateur*** *de la nouvelle alliance, et du sang de l'aspersion qui parle mieux que celui d'Abel. Gardez-vous de refuser d'entendre celui qui parle; car si ceux-là n'ont pas échappé qui refusèrent d'entendre celui qui publiait les oracles sur la terre, combien moins échapperons-nous, si nous nous détournons de celui qui parle du haut des cieux,* **Hébreux 12 :24**

Il est bon à savoir que chaque ange y compris Satan et les autres déchus n'ont qu'une portion de puissance qui leurs est attribuée pour l'exercice de leur ministère **Hébreux1 :13-14** (je t'invite même à lire et à méditer attentivement tout ce chapitre). **JESUS-CHRIST est le seul et l'unique** détenteur de tout pouvoir **(Matthieu28 :18)** en effet, Il est l'image du Dieu invisible, le premier-né de toute la création. Car en lui ont été créées toutes les choses qui sont dans les cieux et sur la terre, les visibles et les invisibles, trônes, dignités, dominations, autorités. Tout a été créé par lui et pour lui. Il est avant toutes choses, et toutes choses subsistent en lui (**Colossiens1 :15-17**), de même en JESUS-CHRIST habite corporellement toute la plénitude de la divinité **(Colossiens 2 :9).**

## II. LE PECHEUR QUI SE REPEND ET SE CONVERTI EN JESUS-CHRIST BENEFICIE D'UNE PUISSANCE SUPERIEUR

Un pécheur qui se convertit au Seigneur JESUS-CHRIST et qui *''naît de nouveau'' et marche selon la parole de Dieu tout en demeurant dans la sanctification* détient une Puissance très supérieur à celui de n'importe quel ange car celui qui s'attache au Seigneur est avec lui un seul esprit (**1Corinthiens 6 :17).** Comme nous l'avons dit plus haut, JESUS détient tout pouvoir par conséquent celui qui est un esprit avec lui détient aussi le pourvoir qu'il a. Ne l'oublies jamais toi qui est *''né de nouveau'' et qui marches selon la parole de Dieu tout en demeurant dans la sanctification,* tu détiens une Puissance très supérieur à celui de n'importe quel ange. Dieu n'a pas créé un ange à son image et selon sa ressemblance (**Genèse 1 :26-27**), cela peut te sembler bizarre ou paradoxale vue la croyance que tu avais mais sache que ce n'est pas pour un ange que CHRIST est mort mais c'est pour toi et moi qui sommes des hommes lis attentivement **Hébreux 2 :10-11.** Je tiens aussi à ce que tu saches que les anges de Dieu sont conduits par l'Esprit de Dieu c'est-à-dire par le Saint Esprit mais ils ne détiennent pas la plénitude de la Puissance de Dieu c'est-à-dire la Plénitude du Saint Esprit. Ils ne portent qu'une portion de ce qui est de l'Esprit Suprême alors que nous qui sommes *'nés de nouveau'' et qui marchons selon la parole de Dieu tout en demeurant dans la sanctification, nous qui avons acceptés de porter notre croix et suivre JESUS nous* avons le privilège d'être non seulement conduit par l'Esprit de Dieu (**Romains8 :14-16**) mais aussi nous sommes le lieu de résidence de l'Esprit Supérieur, nous sommes le temple du Saint Esprit (**1Corinthien6 :19**). De même il est dit que Celui qui confessera que JESUS est le Fils de Dieu, ***Dieu demeure en lui, et lui en Dieu***. **1Jean4 :15.**

Le Saint Esprit n'est pas un ange il est Dieu et il n'y a pas comparaison ni égalité entre le Saint Esprit et un ange quelconque. Il n'y a qu'un seul Saint Esprit (**Ephésien 4 :4).** Mais il y'a des myriades d'anges **Apocalypse 5 :11.** Les anges sont tous des esprits que ce soit ceux qui sont déchus ou ceux qui sont au service de Dieu. Seulement ceux qui sont déchus (Satan et ses agents) sont privés de la gloire de Dieu car **ils se sont enflés d'orgueil voyant l'excellence de la portion de puissance qui était en eux. Satan par son orgueil s'est cru égal à Dieu** reniant ainsi la "**Parole de Vérité"** qui les rendait pure. **Bien qu'ayant connu Dieu ils ne l'ont point glorifié comme Dieu à cause de leurs cœurs enflés d'orgueil et d'arrogance ils ne l'ont point rendu gloire et grâce oubliant que c'est par pure grâce que Dieu les a élevés au rang qu'ils occupaient et que c'est par cette même grâce que Dieu les a dotés d'une puissance, mais s'étant corrompu eux même ils se sont égarés dans leur mauvaise voie s'éloignant ainsi de la gloire de Dieu c'est alors qu'ils ont été plongés dans les ténèbres éternels.** Contrairement aux anges qui sont aux services de Dieu, ceux-ci sont sous la Gloire de Dieu et sont **habités** par la "**Parole de Vérité"** qui est JESUS-CHRIST c'est lui qui les rend pures car la Parole de Dieu sanctifie et purifie. Ils demeurent des Saints anges de Dieu parce qu'ils obéissent à la Parole de Dieu.

Faut-il s'enorgueillir et mépriser les anges qui sont au service du Seigneur ceci à cause de la Puissance de Dieu qui habite en nous ? Loin de là, il faut tout au contraire les honorer non pas les adorer comme certains le font et qui se sont lancés dans des cultes d'anges ce qui est une abomination. Il ne faut pas les adorer mais les honorer à cause des grands services qu'ils font pour la gloire de notre Dieu. Je viens par cet enseignement te faire comprendre qu'il y' a un très grand privilège pour celui qui se repend sincèrement, se convertit et demeure fermement attaché à la parole de Dieu tout en la mettant en pratique c'est alors que la Puissance même de Dieu, le Saint Esprit qui est la force agissante de Dieu va habiter pleinement en lui. L'apôtre Paul dans son épitre aux Colossiens dira au verset 9 du Chapitre 2 « en lui [JESUS] habite corporellement toute la plénitude de la divinité ? ». L'Evangile de Luc au verset 49 du chapitre 24 fait mention **de la puissance d'en haut.** Et **Actes 1 :8 parle d'une Puissance : le Saint Esprit, Luc 10 :19, Romains 1 :16, 1Corinthiens 1 :18, 1 :24 ; 2Corinthiens 13 :4, Ephésiens 3 :20...** plusieurs autres versets de la Bible font mention que Dieu offre sa Puissance à ceux qui *naissent de nouveau*. Si tu négliges la puissance que tu as reçue gracieusement de Dieu alors il est fort probable que tu tombes sous le joug de la puissance de Satan et ses agents car ils ne négligent leur puissance. Beaucoup de ''nés de nouveau'' négligent cette *super Puissance* qu'ils ont reçue de Dieu et se focalisent plus sur les œuvres mensongères de Satan, croyant qu'il est très puissant alors qu'il est limité. L'apôtre Jean dira dans sa première épitre au verset 4 du chapitre 4 : **« Vous, petits-enfants, vous êtes de Dieu, et vous les avez vaincus, parce que celui qui est en vous est plus grand que celui qui est dans le monde.** » Bien-aimé quand tu t'accroches fermement à JESUS-CHRIST après ta repentance sincère avec un cœur tout humilié alors tu seras imparable car c'est pour te rendre aussi puissant qu'il est mort à la croix car nous avons tout pleinement en lui, qui est le chef de toute domination et de toute autorité **Colossiens 2 :10**. Cette puissance ne déploie son efficacité que si nous demeurons fermement attacher à JESUS, c'est–à-dire à la Parole de Dieu, c'est pourquoi avant le verset 10 du chapitre 2 de Colossiens l'apôtre Paul dira au verset 6 et 7 **« Ainsi donc, comme vous avez reçu le Seigneur Jésus-Christ,** ***marchez en lui, étant enracinés et fondés en lui,*** **et affermis par la foi, d'après les instructions qui vous ont été données, et abondez en actions de**

**grâces. »** Il t'interpelle à demeurer en lui par une intimité centrée non pas sur tes besoins mais sur la connaissance de la Parole de Dieu afin de ne plus non seulement retomber dans le péché, mais aussi de jouir de ses bénédictions et de ton salut.

## III. LA CULPABILITE

L'ennemi est très rusé il a facilement accès dans la vie de ceux qui ne s'accrochent pas fermement à la Parole de Dieu, qui ne s'instruisent pas de la Sainte Doctrine ; Veilles sur l'instruction et la connaissance que tu as reçu de Dieu. Sinon quand tu tomberas dans le péché ou commettras une faute contre la Parole Dieu, étant dans cette situation compromettante, alors la ***culpabilité*** s'installera comme la moisissure sur un aliment et si celle-ci n'est pas traitée aussitôt, la **confusion** aussi se présentera pour prendre place à la suite de cela l'ennemi viendra ayant trouvé le moment favorable. Il amplifiera tes pensées et en suscitera d'autres Systèmes de pensées mettant en cause la Parole de Dieu que tu as reçue autrefois. Ces systèmes de pensées négatives, créées établiront des forteresses de raisonnements qui te tiendront dans la captivité et t'assujettiront à Satan. Satan est très subtile et la culpabilité est l'un des moyens par lequel beaucoup de ''nés de nouveau'' se trouvent captifs, retournent dans le monde et demeurent en proie au Diable et leur dernière condition devient pire que la première. La culpabilité est une dangereuse maladie de l'homme intérieur elle est un poison qui le tue avec une vitesse considérable. Elle gangrène l'âme, et tue l'homme intérieur ; l'éloigne de la présence glorieuse de Dieu. La culpabilité quand tu la laisses s'établir en toi elle te ronge comme une lèpre infernale et se déploie très rapidement un seul but faire la volonté de Satan.

Le mensonge donne aussi accès à la culpabilité mais la vérité la détruit : La parole de Dieu est la Vérité

# LA PRIERE DE REPENTANCE.

# I. DIEU EST DIEU ET IL DEMEURE DIEU !

Il faut au préalable comprendre que nous ne prions pas pour Dieu mais nous prions Dieu et cela pour nous même. Dieu se suffit en lui-même. Dieu est Dieu avant que l'homme ne soit il était déjà. C'est par son bon vouloir qu'il a créé toute chose et a donné la domination et l'autorité à l'homme. « **Dieu les bénit, et Dieu leur dit: Soyez féconds, multipliez, remplissez la terre, et l'assujettissez; et dominez... »** **Genèse 1 :28** . La grâce n'est pas née hier elle existe certainement même avant la création car qu'est-ce que Adam et Eve avaient fait pour mériter ce privilège ? Qu'est-ce que l'homme a fait pour mériter ce privilège ? Je tiens vivement à ce que tu saches ceci de Dieu certainement que tu connais cela mais que tu ignores, Dieu n'est pas aussi Bon que nous pensons car la bonté de Dieu n'est pas selon les pensées de l'homme mais selon sa Parole : **DIEU EST JUSTE** et **AMOUR,** beaucoup ont confondu ce caractère de **JUSTE** et **AMOUR** qui incarne Dieu à du "maboulisme". Dieu n'est pas maboul Dieu est Terrible, et Redoutable (***Psaumes 89 :7-9)*** et sa justice est fondée sur sa parole. Beaucoup dans leurs péchés se réjouissent et se plaisent en espérant à la clémence de Dieu, Dieu n'est pas clément il est JUSTE et AMOUR Dieu ne cautionne pas les bêtises, il a exterminé la terre et n'a épargné que huit personnes. Lis attentivement les chapitres 6,7, 8 et 9 du livre de la Genèse, lis aussi le chapitre 19 du verset 1 à 30 du même livre où il extermine deux villes et n'a épargné que quatre. Celui qui sème le péché en mangera les fruits. Dieu est JUSTE si tu ne te repends pas de tes péchés, saches que tu en jouiras de ces fruits.

**Avec celui qui est bon Dieu se montre bon, Avec l'homme droit Dieu agit selon la droiture, Avec celui qui est pur il se montre pur Et avec le pervers Dieu agit selon sa perversité. Dieu**

**sauve le peuple qui s'humilie, Et il abaisse les regards hautains.** **Psaumes 18 :26-28** **Dieu n'est pas notre égale il est le Tout Puissant.** Il veille sur sa parole pour l'accomplir (**Jérémie1 :12**) donc prends garde à tes voies et ton attitude car Adam et Eve qu'il a lui-même crée et qui les a lui-même élevés et honorés à cause de leur désobéissance il les a rejetés et les a privés de sa gloire. « Dieu est Dieu et demeure Dieu ! ».

## II. LA PRIERE DE REPENTANCE

Comme une voie de transport bien structurée est définie par certains panneaux de signalisations ceci afin d'éviter les accidents, il en est de même pour la prière. Une prière que l'on veut voir être exaucée doit être bien structurée non pas pour qu'elle devienne une routine ou un récital ou même encore une récitation mais afin de placer chaque propos ou chaque parole de la conversation à la place qu'il faut et comme il le faut. Ceci pour éviter les accidents d'ordre spirituel conduisant ainsi au non exaucement de la prière.

Ces accidents spirituels sont généralement dus au non-respect de l'ordre divin. Ta prière doit refléter les valeurs ressenties à l'intérieur de toi, ce qui sort de ta bouche doit être la résultante de ce qui est dans le cœur sachant que Dieu sonde les cœurs.

**Ne te présente pas devant Dieu en orgueilleux mais comme un Juste** car le juste est un justifié et un justifié est le pécheur qui se repent et croit au Seigneur JESUS venu sur la terre, mort et ressuscité pour ses péchés et celui-ci croit que Christ vie éternellement. Le justifié se soumet promptement à la volonté divine et ne se justifie pas quand il est tombé dans le péché, il est humble à se repentir. Or Beaucoup se disent juste mais sont orgueilleux et plein de raisonnement quant à la repentance ils disent que JESUS a déjà payé le prix à la croix et ceux-ci créent des justificatifs pour s'autoproclamer juste, ils continuent leurs désordres c'est-à-dire continuent à pratiquer leurs péchés, prenant même certains pour en faire des mignons les appelant: *« péchés mignons»* et ceux-ci se disent juste par ce qu'ils se disent chrétiens et dans cet état insalubre et insanité, ils se plaignent de ne pas voir leurs prières être exaucées. N'est-il pas écrit dans **Esaïe 59 :1-2**. **« Non, la main de l'Éternel n'est pas trop courte pour sauver, Ni son oreille trop dure pour entendre. Mais se sont vos crimes qui mettent une séparation Entre vous et votre Dieu ; se sont vos péchés qui vous cachent sa face Et l'empêchent de vous écouter.»** ?

« Dieu a tant aimé le monde qu'il a donné son Fils unique, afin que quiconque croit en lui ne périsse point, mais qu'il ait la vie éternelle » **Jean 3:16** . Toutefois, si tu es tombé dans le péché, reconnais que tu es tombé. C'est pour t'absoudre du péché que Dieu a envoyé son fils unique ceci afin que tu ne périsses pas par ton péché mais que tu sois absous de ce péché et justifié par lui. A quoi bon te sert-il donc d'être orgueilleux même dans tes prières ? Sois humble à t'humilier. Voyons l'histoire de ces deux hommes que Christ fait mention dans **Luc 18 :10-14** : un qui se déclare juste et droit et l'autre qui reconnait son état et se repend. Le Seigneur conclu en disant au **verset 14**: **« Je vous le dis, celui-ci (le repentant) descendit dans sa maison justifié, plutôt que l'autre (l'orgueilleux). Car quiconque s'élève sera abaissé, et celui qui s'abaisse sera élevé».**

La repentance est aussi un acte de foi, car c'est parce que je crois en la miséricorde de Dieu, c'est parce que je crois que Dieu est Miséricordieux et Compatissant que je m'engage à me soumettre et à me repentir de mes transgressions. De même que l'on met la foi en pratique, de même la repentance se **pratique** et elle se fait comme suit : c'est **la confession de l'offense, en la reconnaissant**, tout en **demandant Pardon** à l'offensé ceci en s'engageant à **abandonner et à ne plus pratiquer** l'offense. C'est un exercice à faire constamment. Car nous péchons d'une manière ou d'une autre (en pensée, en parole, par action, par omission, de manière inconsciente). Or, Il n'y a pas de petit péché devant Dieu le péché c'est le péché **Jacques 2 :8-11**.

Notes bien ceci : ta présence constante à l'église ne t'absout pas du péché. C'est à cet effet que l'apôtre Jean dans sa première lettre dira au **chapitre 1** du **verset 6 à 10** : « **Si nous disons que nous sommes en communion avec lui, et que nous marchions dans les ténèbres, nous mentons, et nous ne pratiquons pas la vérité. Mais si nous marchons dans la lumière, comme il est lui-même dans la lumière, nous sommes mutuellement en communion, et le sang de JESUS son Fils nous purifie de tout péché. Si nous disons que nous n'avons pas de péché, nous nous séduisons nous-mêmes, et la vérité n'est point en nous. Si nous confessons nos péchés, il est fidèle et juste pour nous les pardonner, et pour nous purifier de toute iniquité. Si nous disons que nous n'avons pas péché, nous le faisons menteur, et sa parole n'est point en nous**. »

Ayant donc compris cela, l'attitude de prière doit être particulière en ce temps de dialogue avec le Miséricordieux, elle doit être une attitude d'humilité et de soumission à l'égard de Dieu. C'est une marque de reconnaissance de son état de pécheur car il a dit qu'il fait grâce aux humbles et il résiste aux orgueilleux (**Jacques4 :6, 1Pierre5 :5)** l'humilité précède la gloire mais l'orgueil précède la chute. L'arrogance précède la ruine, Et l'orgueil précède la chute **Proverbes 16:18** . La repentance n'est pas qu'une étape de prière ou qu'un type de prière c'est aussi une attitude de prier, attitude de soumission, d'humiliation, de rabais face au Dieu suprême, attitude de petitesse face à la suprême grandeur de Dieu. Cette attitude se fait non pas seulement pendant la prière mais bien plus dans la prière ; celle-ci (l'attitude de prier) est générée par un cœur humble et sincère qui recherche la connexion Divine. Car sa pratique démontre une personnalité humble attirant ainsi la faveur de Dieu. Celle-ci (la faveur de Dieu) agit très rapidement dans la vie des personnes humbles qui s'humilient, **2Chroniques 7:14** affirme ceci : **« si mon peuple sur qui est invoqué mon nom s'humilie, prie, et cherche ma face, et s'il se détourne de ses mauvaises voies, je l'exaucerai des cieux, je lui pardonnerai son péché, et je guérirai son pays. »**

C'est avec un cœur humble que l'être repentant doit s'humilier et doit démontrer un état d'humilité car, Dieu ne regarde pas que l'état de celui qui s'humilie mais bien plus il regarde l'attitude de son cœur repentant. Plusieurs personnes montrent qu'elles s'humilient mais ceci d'apparence, elles disent des choses de lèvres avec un cœur orgueilleux, elles profèrent des paroles exprimant la repentance alors que le cœur n'est pas en état repentant. Dans leurs péchés ces personnes bien qu'étant entrain de prier continuent à se justifier du péché qu'elles ont commis, elles raisonnent et trouvent qu'elles ont eu raison de pécher. C'est pourquoi le Seigneur dit : **« ...Ce peuple m'honore des lèvres, Mais son cœur est éloigné de moi.» Marc 7 :6.**

Pendant la repentance il doit avoir une harmonie et une cohérence entre ce qui est dit et ce qui est, entre ce que la bouche dit et ce qui règne dans le cœur. Ta repentance doit être vrai, juste et sincère, sans hypocrisie, sans justificatif ni raisonnement mais pleine d'humilité et de soumission.

Satan le rebelle lui qui est l'ennemi de nos âmes n'aime pas les rebelles, il n'aime pas les orgueilleux, ni ceux-là qui le désobéissent il aime ceux qui lui sont humbles et soumis c'est pourquoi pour atteindre ses fins il sème la terreur, inspire la terreur et règne avec terreur ceci pour que ses adeptes lui soit soumis et l'obéissent.

La soumission à l'égard de Dieu est un atout très avantageux.

## III. UN MODELE : DAVID LE MODELE

**Etudions en quelques lignes les Psaumes chapitre 6 et 25 faits pas le roi David serviteur de Dieu.**

Dans le **Psaumes 6** l'homme selon le cœur de Dieu, le roi serviteur de Dieu connait l'appréciation que son Maître a pour l'harmonie des sons mélodieux, agréables et provenant d'un cœur attaché à lui. Le patriarche David avec des instruments de musique[4] pour rythmer les expressions de son cœur en incandescence, son âme est troublée et tourmentée par des interrogations sans réponses en vue[5] et très certainement aussi celle-ci (son âme) est meurtrie par la maladie ou par une souffrance quelconque de son être et avec un ton exclamatif il invoque le soutien et la pitié du Très Haut; **les versets 2, 3,4** disent **« Éternel! Ne me punis pas dans ta colère, Et ne me châtie pas dans ta fureur. Aie pitié de moi, Éternel! Car je suis sans force; Guéris-moi, Éternel! Car mes os sont tremblants Mon âme est toute troublée; Et toi, Éternel! Jusqu'à quand?... »**

Dans son état d'inconfort et de détresse, il reconnait malgré tout cela que Dieu est Miséricordieux et implore sa miséricorde. David reconnaissant la puissance de Dieu, reconnait qu'il est capable de non seulement le délivrer des griffes de la maladie, mais aussi qu'il est capable d'accorder le salut à son âme meurtrie et aussi le serviteur sait que, si Dieu son protecteur s'éloigne de lui il est en proie à l'ombre de la mort. Ceux-ci

[4] Le verset 1
[5] Le verset 4

sont ses expressions dans le **verset 5 « Reviens, Éternel! Délivre mon âme; Sauve-moi, à cause de ta miséricorde»**. Par la suite le serviteur fait valoir à son Maître l'utilité qu'il a à son égard et lui pose une autre question très pertinente :

**« ...qui te louera dans le séjour des morts »**[6]. Raison pour laquelle il est important pour toi mon bien-aimé d'être utile à Dieu et toujours être à son service.

David l'outragé décrit et explique son état lamentable non pas à un homme mais à celui-là qui a la capacité de rétablir toute chose il dit : **« Je m'épuise à force de gémir; Chaque nuit ma couche est baignée de mes larmes, Mon lit est arrosé de mes pleurs. J'ai le visage usé par le chagrin; Tous ceux qui me persécutent le font vieillir.»**[7].Pendant ses lamentations David se souvient de qui il est, il se souvient qu'il ne s'est pas auto-proclamé roi ou serviteur de Dieu mais que c'est Dieu lui-même qui l'a choisi et établi, dans son chagrin il se rappel de ses paroles révélées qu'il avait dit autrefois dans le **Chapitre 5 du verset 5 à 7** du même livre **« ...tu n'es point un Dieu qui prenne plaisir au mal; Le méchant n'a pas sa demeure auprès de toi. Les insensés ne subsistent pas devant tes yeux; Tu hais tous ceux qui commettent l'iniquité. Tu fais périr les menteurs; L'Éternel abhorre les hommes de sang et de fraude. »** De même il se souviendra du **chapitre 4 au verset 4** qui disait **: « sachez que l'Eternel s'est choisi un homme pieux ; l'Eternel entend, quand je crie à lui »**. Après ces remémorations il dira : **« Éloignez-vous de moi, vous tous qui faites le mal! Car l'Éternel entend la voix de mes larmes; L'Éternel exauce mes supplications, L'Éternel accueille ma prière. Tous mes ennemis sont confondus, saisis d'épouvante; Ils reculent, soudain couverts de honte»**[8]. Il démontre

[6] Le verset 6 du Psaume 6
[7] Le verset 7 à 8 du Psaume 6
[8] Le verset 9 à 11 du Psaume 6

aussi dans ce passage un acte de foi car étant toujours dans cet étant fâcheux il témoigne de l'exaucement de ses supplications. Au début du **Psaume 25** il ressort et exprime à Dieu une fois de plus la confiance et l'assurance qu'il a à son égard il le fait en disant : **« Éternel! J'élève à toi mon âme. Mon Dieu! En toi je me confie: que je ne sois pas couvert de honte! Que mes ennemis ne se réjouissent pas à mon sujet! Tous ceux qui espèrent en toi ne seront point confondus; Ceux-là seront confondus qui sont infidèles sans cause. Éternel! Fais-moi connaître tes voies, Enseigne-moi tes sentiers. Conduis-moi dans ta vérité, et instruis-moi; Car tu es le Dieu de mon salut, Tu es toujours mon espérance » versets 1 à 5**. C'est après cela qu'il expose sa doléance, qu'il pose sa requête celle d'implorer la miséricorde du Miséricordieux et Compatissant, c'est ainsi qu'il déclare **aux versets 6 et 7** : **« Éternel! Souviens-toi de ta miséricorde et de ta bonté; Car elles sont éternelles. Ne te souviens pas des fautes de ma jeunesse ni de mes transgressions; Souviens-toi de moi selon ta miséricorde, A cause de ta bonté, ô Éternel! ».** Le serviteur à la suite de sa requête va davantage louer son Maître et lui dire ce qu'il est déjà « **L'Éternel est bon et droit: C'est pourquoi il montre aux pécheurs la voie. Il conduit les humbles dans la justice, Il enseigne aux humbles sa voie. Tous les sentiers de l'Éternel sont miséricorde et fidélité, Pour ceux qui gardent son alliance et ses commandements » versets 8 à 10.** Il va par la suite dans le **verset 11** davantage reconnaitre son péché « **C'est à cause de ton nom, ô Éternel! Que tu pardonneras mon iniquité, car elle est grande ».**

David ne s'arrête pas là il continu dans les **versets 12 à 14**, il montre dans ces versets les bienfaits et bénéfices qu'offre Dieu à un homme qui le craint, ventant ainsi les mérites et la bonté de Dieu. Le repentant implorera une fois de plus la miséricorde et pardon de son Rédempteur par ses propos, Il exprime la confiance qu'il a envers son Dieu et le soutien qui vient de lui en le faisant, il excite la compassion de Dieu car il sait que Dieu éprouve une forte compassion pour les cœurs qui s'humilient : ceci est l'objet des **versets 15 à 20.** Dans les **versets 21 à 22** le serviteur termine non seulement en demandant des éléments qui l'aideront à ne plus retomber dans ces fautes là mais aussi il s'engage à intercéder pour son peuple.

Mon bien-aimé comment te comportes-tu dans les temps d'épreuve, de détresse, de désolation et de persécution ? Comment t'y prends-tu ? Quelle attitude adoptes-tu après avoir offensé Dieu, après l'avoir mis en colère? David Le héros, dans cet état s'est repenti, il s'est plongé dans la repentance, reconnaissant qu'il a offensé Dieu au point de le mettre en colère et il savait qu'il y' avait un châtiment qui lui était réservé mais malgré cela il n'a pas regardé son statut de roi et l'autorité dont il détient, mais il a reconnu la suprême autorité de Dieu et s'est humilié car il savait qu'il n'y a point de confusion pour ceux qui se confient en Dieu et que l'homme n'est qu'un souffle face à l'immense grandeur de ce Dieu Terrible. En tant que roi, David ne s'est pas fié à cela, il ne se confiait même pas aux hommes, même pas à ses conseillés mais à Dieu, oui ! À Dieu, David s'exposait entièrement.

Le problème dans la vie de plusieurs croyants de nos jours est que lorsqu'il y'a une petite situation fâcheuse, aussitôt la confusion nait dans leurs cœurs et le manque de confiance à l'égard de Dieu s'installe. Si tu ne comprends pas qu'il est important pour toi de faire confiance à Dieu en toutes circonstances comme un nouveau-né a confiance à sa maman, si tu ne comprends pas qu'il est important pour toi de faire confiance à celui qui t'a racheté au prix de son Sang. Saches que ta prière ou tes prières ne traverseront pas le seuil de ton plafond. David dans ces **Psaumes** étudiés et d'ailleurs dans tous ses écrits démontre et fait ressortir une confiance entière et totale qu'il a en Dieu.

Mon bien-aimé saches que si tu ne cultive pas la soumission et la confiance en Dieu, si tu n'espères pas entièrement à lui et ne lui fait pas entièrement confiance, la patience que tu auras après tes prières ne sera que chagrin. Car avoir la foi en Dieu c'est faire preuve de confiance, et la confiance procure l'assurance, et l'assurance dans le cœur encourage la patience. Tu ne peux pas dire que tu as la foi en JESUS-CHRIST si tu n'as pas confiance en lui. Saches qu'une prière de repentance sincère te donne raison face à l'adversaire et permet à Dieu de te restaurer, celle-ci te libère de l'emprise de l'ennemi car par ta repentance sincère ses œuvres sont mises à nue. Une repentance sincère chasse la culpabilité et donne la paix au cœur. David démontre par ces propos l'inconvénient d'un péché non avoué et d'une repentance non faite **« Tant que je me suis tu, mes os se consumaient, Je gémissais toute la journée; Car nuit et jour ta main s'appesantissait sur moi. Ma vigueur n'était plus que sécheresse, comme celle de l'été. Je t'ai fait connaître mon péché, je n'ai pas caché mon iniquité; J'ai dit: J'avouerai mes transgressions à l'Éternel ! ...» Psaumes 32 :3-5.**

# SAISIS L'OPPORTUNITE !

Si au travers de ce livre, tu as été béni et édifié et si malgré tout cela ton cœur est toujours dans la culpabilité et dans la désolation parce que le péché t'a mis dos au mur, si tu es tombé dans le péché au point où l'ennemi à fait naître en toi et t'a fait croire que c'est fini pour toi, que Dieu ne peut plus te pardonner et que tu ne peux plus renouer de relation avec lui. Si dans cet état, tu ne ressens plus ni la flamme, ni la présence de Dieu si tel est ton cas saches que c'est normal que Dieu, se retire car il n'aime pas le péché mais c'est aussi très anormale que tu demeures loin de ton Créateur, Dieu n'est pas comme les hommes il est Amour et Pardon, Miséricordieux et Compatissant, riche en bonté et en fidélité. Dieu est Patient, il use de patience en vers les pécheurs parce qu'il ne veut pas qu'une âme périsse, mais son désir est que tous parviennent à la repentance (**2Pierre 3 :9**). Il a donc la capacité de te délivrer si tu lui donne l'accès total de le faire, ceci en lui disposant juste ton cœur avec sincérité.

Dieu veut faire de nous des grandes personnalités et une grande personnalité, est aussi celle-là qui a la capacité de se relever quand elle tombe. Dans le cas où celle-ci se sent dans l'incapacité et a une volonté profonde de se relever le Seigneur lui tend la main pour l'aider à se relever. Bien-aimé Souviens-toi donc où tu es tombé, repends-toi, et pratiques tes premières œuvres; au cas contraire JESUS viendra à toi, et ôtera ton chandelier de sa place, à moins que tu ne te repentes (**Apocalypse 2 :5**). Le Seigneur sait qu'il peut arriver que tu tombes mais ne restes pas où tu es tombé, il t'encourage vivement à t'appuyer sur lui pour te relever.

S'appuyer sur JESUS, c'est s'appuyé sur la Parole de Dieu je t'invite donc à confesser ces paroles, du **Psaumes51** cette prière faite par David, confesses cela avec un cœur vraiment sincère et repentant afin de lui dire combien tu te repens de tes péchés et combien tu as essentiellement besoin de lui dans ta vie. Commences par déclarer ceci trois fois:

**« JESUS-CHRIST est le même hier, aujourd'hui, et éternellement » ! Hébreux 13 :8**

*O Dieu! Aie pitié de moi dans ta bonté; Selon ta grande miséricorde, efface mes transgressions; Lave moi complètement de mon iniquité, Et purifie-moi de mon péché. Car je reconnais mes transgressions, Et mon péché est constamment devant moi. J'ai péché contre toi seul, Et j'ai fait ce qui est mal à tes yeux, En sorte que tu seras juste dans ta sentence, Sans reproche dans ton jugement. Voici, je suis né dans l'iniquité, Et ma mère m'a conçu dans le péché. Mais tu veux que la vérité soit au fond du cœur: Fais donc pénétrer la sagesse au dedans de moi! Ô JESUS ! Purifie-moi avec ta Parole, et je serai pur; Lave moi, avec ton sang et je serai plus blanc que la neige. Annonce-moi l'allégresse et la joie, Et les os que tu as brisés se réjouiront. Détourne ton regard de mes péchés, Efface toutes mes iniquités. O Dieu! Crée en moi un cœur pur, Renouvelle en moi un esprit bien disposé. Ne me rejette pas loin de ta face, Ne me retire pas ton Esprit Saint. Rends-moi la joie de ton salut, Et qu'un esprit de bonne volonté me soutienne! J'enseignerai tes voies à ceux qui les transgressent, Et les pécheurs reviendront à toi. O JESUS, Dieu de mon salut! Délivre-moi.* ***Marque une pause (de quoi est-ce que tu veux que Dieu te délivre ? dit le lui et continu à confesser ces parole)****, Et ma langue célébrera ta miséricorde. Seigneur! Ouvre mes lèvres, Et ma bouche publiera ta louange. Si tu eusses voulu des sacrifices, je t'en aurais offert; Mais tu ne prends point plaisir aux holocaustes. Les sacrifices qui sont agréables à Dieu, c'est un esprit brisé: O Dieu! Tu ne dédaignes pas un cœur brisé et contrit. C'est au nom sacret et puissant de JESUS-CHRIST que j'ai ainsi prié Amen !*

**DONNES TON COEUR AU SEIGNEUR JÉSUS-CHRIST !**

Au travers des lignes de ce livre, nous avons énoncé avec beaucoup d'appréciation et d'insistance que JESUS-CHRIST est le seul par qui tout est possible, que c'est sur lui que notre foi doit être fondé, que c'est par lui et grâce à lui que nous pouvons acquérir, manifester et appliquer la puissance de Dieu. De même que c'est lui qui permet que nous triomphions de l'adversité. Outre il est mort et ressuscité pour nous Sauvé, il est notre médiateur, intercesseur, avocat, il est Amour...

Si comme-moi ton cœur est touché par l'amour immense de ce Dieu et tu trouves bon de croire au Seigneur JESUS-CHRIST et de le recevoir comme Seigneur et Sauveur de ta vie, à t'engager, à marcher selon ses recommandations, de devenir enfant de Dieu, les paroles ci-après t'aideront à y parvenir. Car il est écrit : « *Mais à tous ceux qui l'ont reçue, à ceux qui croient en son nom, elle a donné le pouvoir de devenir enfants de Dieu,* »**Jean1 :12**.

Plus que le salut de ton âme est le plus important il faut confesser ta foi en JESUS car il est dit dans **Romains10 :9-10 «** Si tu confesses de ta bouche le Seigneur JESUS, et si tu crois dans ton cœur que Dieu l'a ressuscité des morts, tu seras sauvé. Car c'est en croyant du cœur qu'on parvient à la justice, et c'est en confessant de la bouche qu'on parvient au salut, selon ce que dit l'Écriture». La parole de Dieu déclare aussi dans **Romains 3 :23-24** « tous ont péché et sont privés de la gloire de Dieu et ils sont gratuitement justifiés par sa grâce, par le moyen de la rédemption qui est en JESUS-CHRIST. » Et aussi il est dit dans **Romains 6 :23** « le salaire du péché, c'est la mort; mais le don gratuit de Dieu, c'est la vie éternelle en JESUS-CHRIST notre Seigneur. » Donc si tu demeures dans ton état sans avoir reçus et sans avoir fermement crus au Seigneur JESUS alors, tu ne recevras pas aussi le don gratuit de Dieu qui est la vie éternelle et ta place est réservée pour l'enfer.

Puisque le Salut s'obtient par la confession de la bouche et par la croyance du cœur **Romains10 :9-10.** Ainsi donc, les étapes suivantes t'aideront :

1) « Dieu se moque des moqueurs, mais il fait grâce aux humbles »**Proverbes3 : 34**; donc Disposes ton être tout entier humilies toi et confesses tes péchés au Seigneur tout en reconnaissant ton état de pécheur tout en lui disant que tu n'es qu'un pêcheur. Avoues lui tes transgressions car il a dit : « Celui qui cache ses transgressions ne prospère point, Mais celui qui les avoue et les délaisse obtient miséricorde. »**Proverbes 28 :13.**

Ayant ainsi confessé tes péchés avec sincérité de cœur, crois qu'il t'a pardonné. Maintenant confesses aussi ces paroles et crois dans ton cœur que le Seigneur t'écoute et que tu es entrain d'acquérir le Salut de ton âme :

2) Seigneur JESUS, je t'ouvre la porte de mon cœur je t'invite en moi vient demeurer en moi car :

- Je confesse et je crois que tu es Seigneur.
- Je confesse et je crois que tu es mort à la crois pour me laver de tous mes péchés et que le troisième jour tu es ressuscité des morts pour me justifier.
- Je confesse et crois que tu es vivant que tu es assis à la droite de Dieu le Père.
- Je confesse et crois que l'acte dont les ordonnances qui me condamnaient et qui subsistaient contre moi tu l'as effacé et tu l'as détruit en le clouant à la croix.

Seigneur JESUS, c'est sur la base de ta parole que je déclare solennellement AMEN !!!

Bien-aimé crois seulement car c'est par la grâce que nous sommes sauvés au moyen de la foi **Ephésiens 2 :9,** donc crois que tu es devenu enfant de Dieu et que tu es sauvé marche selon ses commandements.

JESUS te dit en ce jour : « Demeures en ma présence et ne pratiques plus le péché car Quiconque est né de Dieu ne pratique pas le péché, parce que la semence de Dieu demeure en lui; et il ne peut pécher, parce qu'il est né de Dieu.» **1Jean3 :9**

Bien-aimé crois seulement car c'est par la grâce que nous sommes sauvés au moyen de la foi **Ephésiens 2 :9,** donc crois que tu es pardonné que le Seigneur t'a restauré, pratiques maintenant de bonnes œuvres dignes de la repentance et marches selon ses commandements.

JESUS te dit en ce jour : « Demeures en ma présence et ne pratiques plus le péché car Quiconque est né de Dieu ne pratique pas le péché, parce que la semence de Dieu demeure en lui; et il ne peut pécher, parce qu'il est né de Dieu.» **1Jean3 :9**.

***Que Dieu te bénisse au nom suprême de JESUS-CHRIST !***

*Les livres écrites par le même auteur :*

- *6 éléments pour triompher et atteindre son but avec Christ.*
- *The power of the prayer of repentance (en Anglais)*
- *La puissance de la Prière de Repentance (en Français)*

# Table des matières

INTRODUCTION........................................................................................5

CE QU'IL FAUT SAVOIR DU PECHE.......................................................8

LE PECHE ET CULPABILITE AUGMENTENT LA PUISSANCE DE SATAN ET CELUI DE SES AGENTS ET LEUR DONNENT LE DESSUS SUR LE PECHEUR................................................................................14

LA PRIERE DE REPENTANCE..............................................................23

SAISIS L'OPPORTUNITE !.....................................................................35

DONNES TON COEUR AU SEIGNEUR JÉSUS-CHRIST !......................38

Printed by Books on Demand GmbH, Norderstedt / Germany